CONSIDÉRATIONS

SUR LA

SITUATION FINANCIÈRE DE LA FRANCE.

CET OUVRAGE SE TROUVE AUSSI AU DEPÔT
DE MA LIBRAIRIE,
Palais-Royal, galeries de bois, n°s 265 et 266.

CONSIDÉRATIONS

SUR LA

SITUATION FINANCIÈRE DE LA FRANCE,

ET

SUR LE BUDGET DE 1825.

PAR M. LE DUC DE LÉVIS.

A PARIS,

CHEZ J. G. DENTU, IMPRIMEUR-LIBRAIRE,
RUE DES PETITS-AUGUSTINS, N° 5.

MAI 1824.

DE LA RÉDUCTION

DE L'INTÉRÊT DE LA DETTE,

DE L'AMORTISSEMENT,

ET DU BUDGET DE 1825.

La position législative dans laquelle se trouve la Chambre des pairs relativement aux matières de finances, impose à ceux de ses membres qui ont fait une étude spéciale de cette partie de l'administration, l'obligation de publier les idées qu'ils croient utiles, avant que les projets de lois ne leur parviennent décrétés par l'autre Chambre. En effet, l'expérience des années qui se sont écoulées depuis la restauration, c'est-à-dire depuis que le gouvernement représentatif n'est plus une déception, a prouvé que l'action du premier corps de l'Etat sur le budget, se bornait à une sanction obligée, et parfois accompagnée de regrets superflus. Si cependant les rapports de nos commissions ont consacré des principes de crédit qui ont fructifié, s'ils ont indiqué quelques améliorations de détails recueillies par le gouvernement et depuis heureusement exécutées, il n'en est pas moins vrai qu'aucune modification, quoique généralement désirée, n'a pu être obtenue. La raison en est évidente : les députés étaient partis avant la fin de nos délibérations.

Tel est le motif qui me détermine à présenter, tandis qu'il en est temps encore, à ceux qui, dans le fait, disposent presque souverainement de la fortune publique, quelques observations écrites à la hâte sur l'ensemble de notre position financière, et sur le parti que l'on peut en tirer pour la prospérité générale, dans le règlement du budget de 1825.

DE LA RÉDUCTION DES INTÉRÊTS DE LA DETTE.

Je ne discuterai pas la légalité de l'opération sur les rentes. Le droit de remboursement, qui appartient à l'Etat comme à tout autre débiteur qui n'y a pas formellement dérogé, a été si faiblement attaqué et si victorieusement établi, qu'il me paraît superflu de rien ajouter aux argumens tirés du droit commun et des lois positives. Aussi les adversaires du projet, du moins les plus habiles, ont-ils abandonné cette accusation. Pour moi, la chose me paraît si évidente, que je serais tenté de soupçonner la bonne foi de ceux qui, dans cette occasion, reprochent au gouvernement un manquement de foi. Cependant, le mécontentement est grand parmi une classe nombreuse de citoyens. Les rentiers (dénomination qui s'applique plus spécialement à ceux dont la fortune consiste en totalité, ou pour la presque totalité, en inscriptions sur le grand-livre), les rentiers, dis-je, voient avec un chagrin bien naturel le retranchement d'une partie notable de leur revenu.

Est-il modique, la misère est prête à les assaillir; s'ils ont vécu jusqu'ici dans l'aisance, ils redoutent les privations et la gène; enfin, sont-ils riches, ils considèrent avec effroi la nécessité de réduire leurs dépenses; car ce que je connais de plus rare en France, c'est le superflu. Pourtant, ceux qui ont acheté leurs rentes ces années passées, quand le cours était à 80, 60, 55, et même bien plus bas si l'on remonte à une époque plus éloignée, devraient trouver un puissant motif de consolation, en songeant que l'argent qu'ils ont déboursé leur rapportera, même après la réduction projetée, 5, 6, 9 du cent, et pour quelques-uns beaucoup au-delà. Ils auront donc, en définitive, fait une très-bonne affaire; mais on ne veut jamais tenir compte des profits passés. Il est même digne de remarque que le petit nombre de ces antiques rentiers qui ont subi toutes les réductions de l'ancien régime et les spoliations du nouveau; par exemple, telle famille à qui l'Etat ne donne aujourd'hui que 1500 francs de rente pour un capital de cent mille francs versé au commencement du siècle dernier, fait entendre des plaintes moins bruyantes que ces heureux de la révolution qui ont acquis, avant le 18 brumaire, 5 fr.

de rente pour 7 fr. une fois payés (1). On dirait que la résignation est devenue, pour les malheureux, une affaire d'habitude.

C'est cependant sur le sort de ces derniers créanciers qu'il serait juste de s'apitoyer, et plus encore sur celui des ci-devant rentiers, à qui la *confusion*, subtilité barbare inventée par les suppôts de Buonaparte, a tout enlevé. Quant aux autres, ils seraient aussi à plaindre, s'il ne leur était pas facile de retrouver, par le plus simple des reviremens, ce revenu de 5 pour cent auquel ils sont si attachés. N'est-il pas notoire que les placemens sur les immeubles sont encore à ce taux? Qu'ils prennent donc la peine d'entrer dans les études des notaires de Paris; là on leur donnera à choisir des hypothèques sur des maisons, des bois, des prés, des fermes, même avec des

(1) Il a été même acheté, au taux de CINQUANTE SOUS, des rentes provisoires qui depuis ont été consolidées, et qui par conséquent vont être remboursées comme les autres, sur le pied de cent francs. On m'a cité un de ces *pauvres* rentiers acquéreur de cent mille francs de rente pour cinquante mille francs, qui se plaint amèrement du gouvernement injuste et tyrannique qui prétend le rembourser moyennant deux millions. Tel est le chaos inextricable de la dette française.

délégations de loyers. A cela, ils objectent qu'il est plus commode d'envoyer toucher son argent au Trésor que chez des particuliers, dont les fonds ne sont pas toujours prêts à l'échéance, et qu'il faut assez souvent poursuivre. Mais, ô France, pays de courte mémoire, il y a bien peu de temps que ces mêmes hommes tenaient un langage exactement opposé. Quand on les exhortait à placer sur l'Etat, ils répondaient gravement : « Moi, pour que je confie mes fonds à un « débiteur que les lois ne peuvent atteindre, « j'attendrai que j'aie une armée ; avec les in« dividus, je n'ai besoin que d'un huissier : « les meubles, les immeubles sont là pour « répondre ; mais avec le gouvernement, l'his« toire en fait foi, les arrérages sont ordinai« rement en retard, et tous les vingt ou trente « ans, on éprouve une perte sur le capital. » Ainsi parlaient des citoyens renommés pour leur prudence et leur capacité. Ils ont cependant dévié de ce qu'ils nommaient leurs principes, pour entrer dans la rente, soit séparément à des prix modérés, soit comme souscripteurs dans les derniers emprunts, c'est-à-dire de 50 à 88. Aujourd'hui qu'ils peuvent réaliser un bénéfice, pour les uns de 50, pour les autres d'au moins 12 pour cent, pourquoi ne pas se faire rembourser, et replacer, comme par le passé, leur argent sur ces terres qu'ils trouvaient alors le seul gage d'une véritable sécurité ?

Mais qu'on ne s'y trompe pas ; tout en se plaignant, les plus avisés feront mieux que de se presser, ils conserveront leurs rentes, et les échangeront contre des trois pour cent ; car l'état de la politique européenne, l'abondance des capitaux, et, plus que tout, la coalition de ces puissans banquiers, que l'on pourrait appeler la riche alliance, et qui ont intérêt à l'élévation de nos fonds, décidera très-probablement une hausse au moins momentanée. Cela est si vrai, que les 3 pour cent encore en projet se vendent déjà à Londres sur le pied de 80. Nos rentiers, qui les recevront à 75, ne voudront pas laisser échapper cette occasion d'un nouveau profit, et ils ne s'occuperont de se faire un plus gros revenu, qu'après avoir encore gagné quelque 5 ou 6 pour cent sur le capital. Que si cependant il en est, parmi eux, qui demeurent convaincus que l'intérêt de l'argent ne s'est point abaissé, ainsi que l'assure le gouvernement, jusqu'à 4 pour cent, ils ont une manière bien simple d'échapper à la réduction qu'ils redoutent. Qu'ils acceptent leur remboursement, et qu'ils le gardent pour acheter des 3 pour cent. Si, comme ils le croient, l'intérêt est réellement à 5, ces nouveaux fonds ne s'éleveront pas au-dessus de 60; ils retireront donc, comme par le passé, 5 pour cent de leurs capitaux, et, de plus, ils auront la certitude de n'avoir de long-temps à redouter une réduction dans leur revenu, puisqu'il faudrait que le taux de l'intérêt baissât jusqu'à trois pour cent l'an.

Ce raisonnement est péremptoire. Il prouve jusqu'à l'évidence que non seulement le gouvernement ne fait ni spoliation ni injustice, mais qu'il ne peut pas même en faire, puisque la tentative en serait si facilement déjouée. Au reste, on ne saurait douter qu'il n'y ait parmi les gros rentiers un grand nombre de capitalistes qui se contentent de tirer 4 pour cent de leurs fonds. C'est depuis bien des années le cours des bonnes lettres de change, tant à Paris que sur les places de commerce. Souvent même il a été inférieur. Les bons du Trésor n'ont rapporté, pendant plusieurs mois, que 3 pour cent, et aujourd'hui encore ils se négocient à 3 et demi.

Maintenant que j'ai présenté sous son vrai point de vue la situation des créanciers de l'État, qu'on la compare avec celle de la masse des contribuables, et l'on verra que les rentiers qui voudront conserver leur fortune sous cette forme, ne seront pas plus à plaindre que les propriétaires des terres dont les revenus diminuent par la baisse progressive des denrées ; et pourtant ceux-ci ont, de plus que les premiers, à supporter le fardeau si lourd d'une contribution foncière fixe et calculée évidemment en raison de prix plus élevés. Cependant, je ne veux point le dissimuler, je ne saurais considérer, sans en être sensiblement affecté, le sort des petits rentiers, des veuves, des vieillards retirés, qui n'ont pas d'autre moyen d'existence, enfin de tous ceux qui, par leur position ou leur ignorance, hors d'état de soigner leurs affaires, sont obligés de donner leur confiance à des agens qui peuvent en abuser ; pour eux tous, la rente est peut-être le seul placement à la fois sûr et commode, et la perte est sans compensation. Aussi, cette grande opération de finance me paraîtrait-elle peu digne d'un gouvernement paternel qui doit aux sujets non seulement justice, mais encore protection et ménagement, si elle n'était pas commandée par l'intérêt général, qui doit, dans les affaires d'une certaine magnitude, l'emporter sur le froissement des intérêts privés. Or, n'est-ce pas un immense avantage pour toute la France que le retranchement de 28 millions de dépenses, lorsque les impôts sont onéreux et les besoins pressans? Cette somme est presque le cinquième du principal de la contribution foncière (1).

Il est vrai qu'on objecte que ce profit du fisc est bien compensé par l'accroissement du capital dont la nouvelle loi chargera l'Etat. Comme il s'agit de près d'un millard (933 millions), la chose est effrayante et vaut bien la peine d'être examinée de près.

Nous remarquerons d'abord qu'on court risque de commettre de graves méprises lorsqu'on prétend décider les questions de finances en les assimilant à des affaires privées et aux transactions entre les particuliers. La position est si différente, que les conséquences ne peuvent

---

(1) Je dis 28 millions, pour me conformer au chiffre du ministre; dans la réalité, l'économie dépassera 30 millions; car sur les 57 millions de rentes qu'on regarde comme immobilisées, et dont on ne s'occupe pas pour le moment, une portion notable est passible de la réduction de l'intérêt.

être les mêmes. Ainsi, il est incontestable qu'un propriétaire qui consentirait à gréver sa fortune d'une augmentation de capital pour obtenir une réduction d'intérêt, se conduirait en mauvais père de famille, parce que, dans un pays comme la France, où indépendamment de la volonté mobile des possesseurs, les partages égaux rendent les ventes d'immeubles fréquentes et presque inévitables, l'obligation hypothécaire, devenue exigible, ferait payer avec usure la jouissance momentanée de moindres intérêts. Mais pour l'État, il n'en est pas de même; en empruntant sous la forme de rentes, il n'est tenu, dans aucun cas, de rembourser la somme prêtée; il jouit donc indéfiniment de la réduction des intérêts; et comme on l'a observé avant moi, l'accroissement de capital se réduit, dans la réalité, à l'engagement que la nation contracte de ne point demander de réduction ultérieure tant que les nouveaux fonds n'auront point atteint le pair.

Mais on insiste, et l'on dit. « La Caisse « d'amortissement, qui jamais ne se repose, « paiera journellement une partie de ce ca- « pital, lorsque le cours sera élevé. » Cette objection, étayée d'un appareil de chiffres plus repoussant par la forme qu'imposant au fond, a frappé les personnes peu versées dans ces matières, et cependant elle peut se réduire à cette vérité triviale : c'est que l'Etat se libère moins avantageusement au moyen des rachats, quand la rente est élevée. L'erreur est de croire que le renchérissement soit le résultat des opérations du gouvernement; il provient uniquement de l'abondance des capitaux oisifs et de l'aspect pacifique de la politique. Le prix des effets publics de tous les pays se compose de ces deux élémens, et varie avec eux. N'avons-nous pas vu ces mêmes 3 pour cent anglais, cotés aujourd'hui à 97, et déjà presque aussi élevés au commencement de la révolution, descendre graduellement jusqu'à 43, et cela au milieu d'une guerre qui, loin d'être désastreuse, ajoutait chaque année de riches colonies aux possessions déjà immenses de l'empire britannique? Mais les nombreux armemens, les expéditions lointaines, les subsides aux souverains du continent, obligeaient à de grandes dépenses, c'est-à-dire à de forts emprunts; ils offraient donc aux capitalistes de vastes débouchés. Et nous-mêmes, n'avons-nous pas vu la rente française tomber, il y a un an, à 75, et ne se relever qu'avec l'espérance, bientôt justifiée par l'évènement, que l'expédition d'Espagne aurait un succès prompt et complet?

Cette extrême mobilité des fonds publics, bien plus grande qu'autrefois, et qui s'accroît tous les jours, tient à la situation nouvelle du monde commercial et financier; elle est, sous ce rapport, digne de fixer l'attention de ceux qui s'occupent d'économie politique, et c'est un devoir positif pour tous ceux que les droits de la naissance ou le choix de leurs concitoyens appellent à influer sur les destinées de leur pays.

Il n'y a pas encore bien des années qu'en France et dans presque toute l'Europe les capitaux immobiles restaient fixés au sol qui les avait vu naître. On eût dit qu'ils étaient attachés à la glèbe comme les cultivateurs des temps féodaux. Aujourd'hui, ils ont reçu des ailes, depuis que la fermentation générale des esprits, les progrès incessans des arts, leur application aux commodités de la vie et aux jouissances du luxe, l'activité prodigieuse de la presse périodique, enfin, la facilité des communications devenues si rapides et si sûres, ont fait tomber successivement les barrières qui isolaient les nations. Si les rivalités subsistent, les préventions s'émoussent, les préjugés disparaissent, et l'on commence à regarder comme un reste de barbarie ces haines nationales invétérées, ces aversions stupides qu'on ne trouve dans la nature qu'entre des animaux d'espèce différente. L'humanité applaudit à ces sentimens de bienveillance universelle, mais l'ambition de faire fortune, passion du jour, les exploite à son profit; au moyen de ses relations multipliées, elle explore l'univers; sans cesse aux aguets, elle s'empresse de satisfaire aux besoins des vieilles monarchies, et s'expose sans crainte aux chances des républiques nouvelles. Ces hardis spéculateurs, dans leur hasardeuse avidité, accueillent les chefs divisés du Péloponèse encore tremblant dans son berceau, en même temps qu'ils s'engagent à renvoyer de l'or au Pérou. C'est le Pactole qui remonte vers sa source. Mais ce qui n'est pas moins extraordinaire, les fonds qui alimentent ces immenses négociations paraissent inépuisables. C'est qu'aujourd'hui les richesses considérées en masse, participent de la nature des fluides. Il semble que, réunies dans un réservoir commun, elles obéissent à la loi du niveau; dès qu'il se fait quelque dépression sur un point de la surface, aussitôt elles affluent jusqu'à ce que l'équilibre soit rétabli. Mais il résulte de cette complication d'intérêts devenus presque solidaires, que rien de ce qui se passe sur le globe ne saurait être indifférent à ce peuple aventureux.

Ainsi, que sur les bords glacés d'un lac presque inconnu, à l'extrémité du Nouveau-Monde, des chasseurs américains insultent les agens d'une factorerie anglaise, et que des nouvellistes intéressés rapportent ce fait insignifiant comme assez grave pour compromettre l'honneur du pavillon, la Bourse de Londres y verra les germes d'une guerre, et dès le lendemain, le contre-coup s'en fera ressentir à Paris. La secousse sera bien plus grande, si les menées révolutionnaires semblent compromettre l'existence d'un gouvernement établi. On se rappelle l'effet qu'a produit sur nos fonds l'insurrection éphémère du Piémont. Mais quoi! il faut moins que des évènemens pour produire de ces oscillations soudaines qui se propagent avec la rapidité des chocs électriques. Il suffit de simples indices, qui puissent donner de la consistance à des conjectures incertaines et éloignées. Dernièrement, la nouvelle se répand qu'un grand souverain du Nord est indisposé; aussitôt, à Paris comme à Londres, l'argent se resserre, les souscripteurs de tous les emprunts s'alarment, ceux de Naples autant que ceux d'Autriche ou de Colombie. Si la maladie était devenue sérieuse, nul doute qu'une baisse considérable et prolongée n'eût frappé tous les fonds. Bel hommage rendu à la magnanimité d'un prince qui emploie à maintenir le repos du monde, l'autorité d'une puissance qui serait formidable dans les mains d'un ambitieux! L'histoire recueillera peut-être ce témoignage, plus glorieux que des éloges qui peuvent toujours être suspectés de flatterie; pour moi, je ne l'ai cité qu'afin de démontrer combien est précaire cette continuité de hausse qu'on présente comme si assurée, et sur laquelle les adversaires, aussi bien que les défenseurs du projet de loi, ne craignent pas d'établir des calculs d'amortissement pour de longues années; base instable, terrain mouvant qui ne saurait supporter tout cet échafaudage. Et comment ne voit-on pas que ces tableaux de chiffres péniblement alignés, qui font ressembler les brochures de finances à des grimoires, ne sont, à vrai dire, que des jeux d'enfans, puisqu'ils reposent (ceux du *Moniteur* comme les autres) sur deux suppositions;

dont l'une, celle d'une paix constante et même d'un calme sans nuages, est malheureusement démentie par l'expérience de tous les siècles; tandis que, d'un autre côté, il est absurde d'établir qu'une nation sera assez dupe pour continuer pendant vingt ou trente ans l'énorme accumulation d'un fond d'amortissement déjà exagéré.

Je reviens à la question principale, dont je crois cependant m'être peu écarté. L'objection contre la moralité de la loi, tirée de l'impossibilité de réaliser le remboursement que l'on offre, me paraît bien peu sérieuse. Qu'importe en effet à chaque créancier que les deux ou trois milliards existent ou non en numéraire, pourvu que celui qui le désire reçoive son argent; et pour pousser le raisonnement à l'extrême, je veux bien supposer que la caisse soit vide quand il se présentera. Où est la perte? Il s'en retournera avec sa rente intégrale, et continuera à jouir de ses cinq pour cent. D'après toutes ces considérations, je demeure convaincu que le remboursement est légitime, et que la réduction de l'intérêt est avantageuse à l'État; mais je désire vivement, et ce vœu ne peut qu'être accueilli par les ministres d'un Roi père de ses sujets, je désire que cette grande opération soit conduite avec des ménagemens qui rendent moins fâcheuse une diminution de revenus désastreuse pour un grand nombre de rentiers, préjudiciable à tous. Je souhaite donc qu'il soit accordé des délais suffisans pour que la faculté d'opter qui leur est offerte ne soit pas illusoire, et que les familles aient le temps de concerter les arrangemens, difficiles pour beaucoup d'entre elles, que vont nécessiter les conséquences d'une mesure aussi inattendue.

Quant aux frais de la négociation, c'est sur quoi il est impossible d'asseoir un jugement, le ministre n'ayant pas jugé convenable de rendre publiques les conditions (éventuelles sans doute) qu'il a stipulées avec les banquiers. Seulement on peut prévoir par l'étendue de l'autorisation qu'il sollicite, par la demande de pouvoir disposer en leur faveur d'une différence d'intérêt qui ne peut être évaluée au-dessous de 40 millions, qu'il s'attend à une dépense considérable; et en effet, il ne pouvait pas espérer que toute la haute banque européenne dont il a cru nécessaire de réclamer l'appui, consentît à se déplacer et à prêter ses fonds et son crédit sur la chance de médiocres profits.

J'observerai, en terminant ce chapitre, que l'opération présenterait bien moins de difficultés si la dette française n'était pas une masse énorme et homogène sur laquelle il faut agir à la fois. Les Anglais, plus avisés et plus prévoyans que nous, avaient eu soin, en augmentant la leur, de créer des fonds distincts dont le capital nominal et les échéances variées offraient aux capitalistes des placemens analogues à toutes les positions de fortune ainsi qu'à tous les goûts; on trouvait donc en Angleterre des 6, des 5, des 4, des 3 pour cent, des annuités, etc., etc. Cette diversité donnait habituellement une valeur de convenance aux effets publics, en même temps qu'elle mettait l'État à portée de profiter des époques de prospérité et de paix pour réduire successivement, et sans secousse, les portions les plus onéreuses de la dette à un taux plus modéré; et c'est ainsi que s'opère en ce moment même, sans réclamations et avec une facilité qui nous étonne, la conversion des 4 pour cent en 3 et demi. Les grands avantages de ces combinaisons financières étaient présens à mon esprit lorsque les malheurs de 1815 et les frais de l'occupation qui en ont été la triste conséquence, ont accru si prodigieusement la dette française, et forcé de recourir aux emprunts. Je ne manquai pas de proposer, dans la commission consultative du crédit que je présidais, de suivre l'exemple des Anglais, en créant des fonds distincts; j'indiquai entre autres modes d'emprunt, un plan analogue à celui que la ville de Paris adopta bientôt après. Ces idées furent repoussées par l'administration. On m'objectait que la perspective du remboursement que j'avais en vue était si éloignée, qu'elle était presque chimérique, et que le public étant accoutumé aux 5 pour cent, il fallait s'y tenir. Mauvaise réponse, aujourd'hui réfutée par l'évènement; si je la rapporte, c'est moins pour me disculper d'avoir partagé cette erreur que pour montrer, par un exemple frappant, combien sont funestes la préoccupation du moment présent et l'insouciance pour l'avenir, défauts trop communs chez nos hommes d'État.

DE L'AMORTISSEMENT.

Parmi les nombreux articles contenus dans la loi annuelle des finances, il en est un sur lequel les Chambres sont sans pouvoir; soustrait à leur délibération, il ne figure dans le budget que pour ordre : c'est la liste civile votée pour la durée du règne, ainsi que l'a prescrit sagement la Charte qui a fondé nos institutions. Tous les autres articles de recette et de dépenses, sans exception, peuvent et doivent être modifiés, retranchés, augmentés au gré de la législature. La dette publique elle-même, garantie qu'elle est par l'honneur national et l'intérêt bien entendu, doit être soigneusement contrôlée et vérifiée avant que le ministre qui dirige cette partie reçoive l'autorisation nécessaire pour acquitter les paiemens; à plus forte raison il est du droit, ou plutôt du devoir de nos assemblées délibérantes de déterminer, à chaque session, les sommes qu'il convient de consacrer, tant aux besoins généraux de l'administration qu'au maintien de la sûreté extérieure, de l'indépendance et de la dignité nationale. Parmi toutes ces dépenses, une des plus fortes, mais aussi des plus utiles, est l'allocation attribuée à l'amortissement. Cette ingénieuse invention des temps modernes, produit à la fois deux effets qui semblent opposés, et qui pourtant concourent au même but; pendant qu'elle libère l'Etat par des remboursemens successifs, elle empêche la valeur des effets publics de s'avilir, et par-là elle maintient à un taux modéré l'intérêt des emprunts occasionnels et des avances habituelles auxquelles le Trésor est, dans tous les temps, forcé de recourir.

Comme on est aujourd'hui d'accord sur l'utilité de l'amortissement, il semblerait qu'il ne peut plus y avoir de discussion que sur la proportion entre les fonds qu'il est bon de lui consacrer, et le montant de la dette sur laquelle il doit agir. Mais voilà que tout à coup la question se trouve déplacée; on conteste à la nation, sinon la propriété, du moins la disponibilité du fruit de ses sacrifices; on voudrait nous faire accroire que c'est un dépôt inviolable et sacré, enfin que la probité défend d'en faire usage. Et cependant la loi qui a institué la Caisse d'amortissement, porte textuellement « que les rentes qui seront acquises au

« moyen des sommes affectées à sa dotation, « ainsi que celles qui proviendront des arré- « rages, seront annulées *aux époques et pour « la quotité qui seront déterminées par une « loi.* » Cette prévision exclut formellement l'idée déraisonnable de la continuité indéfinie d'une dotation qui, loin d'éprouver l'affaiblissement que le temps fait subir aux hommes et aux choses, ne saurait être comparée, dans son allure progressive et gigantesque, qu'à la renommée dont le poëte a dit qu'elle acquiert des forces en marchant. Prenons-y garde : décider que l'on doit attendre l'exinction totale de la dette avant de se servir des fonds exubérans de l'amortissement, c'est prononcer un ajournement sans espoir et sans terme. Et en effet, depuis qu'il y a des dettes publiques, on ne saurait citer l'exemple d'une seule nation qui soit parvenue à se libérer entièrement, même par une banqueroute. Les guerres étrangères et les troubles intérieurs reviennent périodiquement affliger l'espèce humaine ; il faut s'y résigner comme aux épidémies.

Au reste, quelque peu fondée en droit et en raison que soit cette doctrine, ce n'est pas la première fois qu'elle a été mise en avant par l'administration. Un des prédécesseurs du ministre actuel, M. Corvetto, qui, dans les temps les plus difficiles, a fait preuve d'habileté et de zèle, a soutenu comme lui, devant la Chambre des pairs, que la dotation de l'amortissement était aussi sacrée que la dette. C'était probablement moins par conviction, que parce qu'il pensait qu'on ne pouvait entourer de trop de garanties, et même de prestiges, le berceau du crédit naissant. Je partageais ses intentions, mais je ne m'en élevai pas avec moins de force contre cette assertion erronée, persuadé qu'en finance comme en politique, il faut autant de sincérité dans les discours que de loyauté dans les actions. J'eus l'assentiment de tous mes collègues. Je ne combattais alors que pour l'honneur des principes; car on ne pouvait pas songer à réduire les sommes destinées aux rachats, au milieu de tant d'embarras, et à la veille de contracter de nouveaux emprunts. Les temps sont heureusement changés: la persévérance des sacrifices, le dévoûment généreux ont été récompensés par le succès; et l'époque est enfin venue où l'on peut sans nul inconvénient, non pas seulement proclamer un droit qui n'aurait jamais dû être contesté, mais encore en user pour le bonheur commun. Je le demande, de quelle autorité priverait-on la génération présente d'une jouissance si chèrement achetée, pour la léguer à nos arrières-neveux? Entrons du moins en partage avec eux. Convient-il à un gouvernement réparateur d'imiter ce banquier opulent qui, dans la vue de satisfaire son aversion pour ses parens actuels, en même temps que les rêves d'une ambition bizarre, fit ce testament fameux par lequel il accumulait, aussi par le moyen de l'intérêt composé, une fortune colossale sur la tête d'un de ses descendans qui n'était pas encore né? Nous avons vieilli dans le malheur avec les Bourbons; la Providence nous les a rendus, et avec eux la paix et la prospérité qui la suit. Il est temps d'en jouir.

Afin de mieux prouver le respect que l'on doit porter aux fonds une fois consacrés au rachat de la dette, on a voulu s'appuyer de l'exemple de l'Angleterre; et certes, quand il s'agit de finances et de législation commerciale, rien n'est plus imposant. Mais il ne fallait pas confondre les époques et les stipulations. S'il est vrai de dire que les Anglais n'ont jamais touché aux fonds spéciaux attachés à certains emprunts pour en opérer le remboursement dans un espace de temps donné; le plus souvent de trente ans, il n'est pas moins notoire que les fonds généraux des rachats de la dette ont été détournés, sans aucuns scrupules, de leur destination primitive, lorsque le Parlement l'a jugé utile à la prospérité générale. Encore il y a peu d'années, sur un revenu de quatorze millions sterling dont jouissait l'amortissement, il en a été retranché près des DEUX TIERS, neuf millions, afin de réduire d'autant des impôts considérés comme trop onéreux. On peut juger, par l'élévation actuelle des fonds anglais, si cette mesure salutaire a affecté le crédit.

Je n'ai été que trop long-tems à portée de voir de près le mécanisme admirable, et de suivre la marche de ce gouvernement, dont les actes divers servent tour à tour d'argumens à des systèmes opposés. Cependant les principes sont fixes en Angleterre; mais il n'y a d'immuables que la justice et le respect des lois; tout le reste est mobile, souple, prêt à se conformer aux besoins des circonstances nouvelles, aux progrès de la civilisation qui modifient sans cesse, en les compliquant, les rapports entre l'Etat et les sujets. Aussi je me plaisais à comparer l'administration toujours habile de ce vaste empire, au timonier d'un vaisseau de haut bord, qui, la main sur le gouvernail, ne perd jamais de vue la flamme qui lui montre d'où vient le vent; attentif aux moindres variations, il dirige le navire de manière à ce que les voiles soient constamment tendues; tantôt courant vent arrière, tantôt serrant au plus près, quelquefois louvoyant, mais toujours faisant route, il évite les écueils et arrive au port.

Oui, imitons l'Angleterre; comme elle, respectons la foi publique, mais aussi, comme elle, n'allons pas au-delà de nos engagemens; car il serait injuste de favoriser les prêteurs aux dépens de ceux qui paient. Il a été reconnu, dans ce pays calculateur, que la proportion la plus convenable à observer entre la somme annuelle employée à amortir la dette et son capital, était d'un pour cent. A ce compte, ce serait, pour la France, environ trente millions; cependant nous dépensons, pour cet objet, beaucoup plus du double. N'importe : une loi, celle qui règle le budget de 1824, l'a voulu; observons-la scrupuleusement, et que la Caisse d'amortissement continue d'agir avec tous ses moyens; qu'elle rachète même au-dessus du pair, car il n'a été rien prévu à cet égard, et l'on peut supposer que ceux qui, depuis la dernière session, ont acquis des rentes, ensemble les souscripteurs de l'emprunt, ont pu faire entrer dans leurs calculs cette hausse possible quoique inattendue. Mais après avoir satisfait à tout ce que la probité portée jusqu'à la délicatesse, prescrit en leur faveur, gardons de renouveler, dans le budget de l'année prochaine, une allocation aussi disproportionnée avec les besoins de ce service. Je demande donc que l'amortissement soit réduit à sa dotation primitive; et l'on ne saurait douter qu'elle ne soit suffisante, si l'on réfléchit que ces 40 millions ont soutenu et élevé le crédit au taux où nous le voyons, quand la dette montait à 197 millions de rentes; la tâche sera bien plus facile à présent qu'elle est réduite des 35 millions rachetés.

L'examen du budget proposé pour 1825 va prouver que cette mesure ne saurait être différée plus long-temps.

DU BUDGET DE 1825.

Les dépenses de l'année 1825 sont évaluées à 900 millions ; la somme est énorme, et cependant il est malheureusement vrai que, sous les rapports les plus essentiels, elle est insuffisante : les développemens des budgets de la guerre, de la marine et de l'intérieur en offrent la preuve évidente, et les observations qui accompagnent différens articles de dépenses urgentes et indispensables, démontrent que les ministres qui dirigent ces départemens, en renfermant leurs demandes dans des limites si étroites, ont moins songé aux besoins réels du service qu'à la pénurie des ressources. Il serait donc nécessaire de les augmenter, ces ressources, en forçant les recettes ; mais où trouver matière à de nouveaux impôts ? ne sont-ils pas déjà multipliés à l'excès, et sous toutes les formes ? Sans compter les jouissances du luxe, les premiers besoins de la vie, le sel, les boissons, la lumière, l'air ne sont-ils pas taxés et surtaxés ? Quelle est l'affaire, quel est le marché que l'on puisse conclure sans que le timbre et l'enregistrement ne viennent y apposer leur sanction intéressée ? Enfin, on ne peut naître, vivre, se marier, mourir sans payer ; car la mort ne soustrait pas aux atteintes du fisc ; il entre, même avec les enfans, en partage de la succession. Que si l'on considère la situation de la classe agricole, on la verra gémir sous le poids d'une contribution foncière plus onéreuse que jamais, puisque les faibles dégrèvemens qu'elle a obtenus sont loin de compenser les pertes qu'elle éprouve journellement par la baisse progressive des denrées et le renchérissement de la main-d'œuvre, qui en est la conséquence. Ainsi, loin de pouvoir trouver une augmentation dans cette partie du revenu, il est incontestable qu'elle doit être diminuée, à peine d'attenter à la reproduction.

Quelle est donc affligeante cette situation d'un pays où, d'un côté, il faut diminuer les impôts, c'est-à-dire le revenu, et, de l'autre, augmenter les dépenses ! Double cause de déficit que ma plume se refuserait à tracer, si nous n'avions à notre disposition les moyens de satisfaire à tous les intérêts.

Mais d'abord il faut démontrer avec quelques détails ces vérités que des esprits superficiels ou inattentifs pourraient traiter de déclamations ; cependant je ne parlerai que des besoins des ministères ; car pour la nécessité urgente d'un dégrèvement, les propriétaires n'en sont que trop convaincus.

Département de la guerre.

L'expédition d'Espagne, si glorieuse pour les troupes françaises et pour leur auguste chef, a démontré jusqu'à l'évidence l'insuffisance de cette partie de notre établissement militaire désignée communément sous le nom d'armes spéciales, c'est-à-dire de l'artillerie, surtout du train, ainsi que de la cavalerie pesante et légère. Un esprit d'économie mal entendu en a déterminé la proportion beaucoup au-dessous de ce qui a été généralement reconnu nécessaire dans la composition d'une bonne armée. Aussi ce n'est qu'avec une peine extrême, et après un retard qui aurait pu devenir fatal, que l'on est parvenu à mettre en mouvement tout au plus la moitié de ce qui eût été indispensable si la résistance se fût prolongée dans la péninsule seulement de quelques mois. Et pourtant on avait forcé de moyens, au point de dégarnir nos frontières du nord et de l'est. Enfin, il n'est que trop avéré que si les démonstrations hostiles de quelque puissance, même du second ordre, avaient exigé la formation d'une armée d'observation, il eût été impossible de réunir un corps de 60 mille hommes, sans appeler des gardes nationaux pour faire le service des places fortes. Tel est l'état de pénurie et de désarmement où se trouve cette France qui couvrait naguère l'Europe de ses soldats, et qui, sous le règne de Louis-le-Grand, entretenait 400 mille hommes sous ses drapeaux. Et combien, depuis cette glorieuse époque, notre situation relative n'a-t-elle pas changé à notre détriment!

La Belgique, nouveau royaume, ne nous présente plus comme autrefois une frontière ouverte, un pays riche et populeux dont l'occupation facile offrait des chances de conquête ou de compensation. Son gouvernement, jaloux de l'affection que ses provinces méridionales manifestent pour nous, resserre des liens plus étroits avec nos éternels rivaux; il relève les anciennes places de la barrière, en construit de nouvelles, et entretient une nombreuse armée. La Prusse, devenue limitrophe de la France aux dépens de petits Etats jadis sous notre influence, n'est plus cet électorat du 17e siècle, qui pouvait à peine faire marcher 40 mille hommes : c'est une monarchie de dix millions d'âmes, et son armée compte 300 mille soldats. L'Autriche, devenue plus puissante parce qu'elle est plus compacte et que ses malheurs l'ont aguerrie, a sur pied plus de 400 mille hommes bien armés et équipés. Tous nos voisins sans exception se sont agrandis; et l'acquisition de Gênes, république amie de la France, et regrettable sous plus d'un rapport, donne au roi de Sardaigne un million de sujets de plus, et le point le plus important du littoral de la Méditerranée.

Tel est l'état militaire formidable de nos voisins; et pourtant, loin de négliger comme nous leurs moyens de défense, ils les augmentent de tous côtés. A la suite de la ligne des forteresses belges, les Allemands entretiennent et réparent les grandes places de Luxembourg et de Mayence, ainsi que Sarrelouis et Landau, qu'ils ont acquis sur nous. Ils font en outre d'immenses travaux à Coblentz et à la fameuse citadelle qui domine le confluent de la Moselle et du Rhin. Enfin, en Savoie, un nouveau fort qui commande les défilés de la Maurienne, va bientôt remplacer la Brunette démolie, et fermer le principal passage des Alpes.

Je n'ai encore parlé que de nos voisins immédiats; mais si nous portons nos vues au-delà, et nous le devons, car les progrès de la civilisation rapprochent les distances, quel étonnant spectacle! une puissance s'est élevée, dont les armées sont innombrables comme celles de Darius ou de Xercès. Mais les rois de Perse ne commandaient qu'à une multitude timide que la phalange macédonienne dispersait presque sans combat; et les guerriers moscovites, disciplinés et braves autant que les nôtres, ont sur eux l'avantage de mieux supporter la fatigue et les privations. Et remarquez que, sur cette terre féconde, la population s'accroît avec une rapidité dont on ne trouve d'exemple que dans l'Amérique du nord; mais là, il ne se forme que des cultivateurs paisibles, au lieu qu'en Russie, grâces aux colonies militaires, on naît et on meurt soldat. Cet accroissement est indéfini; car les immenses plaines qui s'étendent des rives du Borystène et du Volga jusqu'aux confins de l'Asie, ont toujours cette singulière propriété prolifique qui leur faisait donner par les anciens le nom d'atelier des nations, *officina gentium*. Dans les temps modernes, il existait du côté de l'Europe des barrières qui pouvaient arrêter les irruptions de ces nouveaux Scythes ; elles ont disparu. La Pologne, rayée du nombre des nations indépendantes, a cessé d'être un obstacle, et même est devenue, entre les mains des Russes, un moyen d'invasion. Au nord, il n'y a plus de contre-poids, depuis que la Suède a perdu la Finlande d'où elle pouvait inquiéter Pétersbourg. Au midi, le Turc, repoussé vers le Danube, sans espoir de recouvrer la Tauride et ces forteresses qui faisaient sa sûreté, achève de consumer, dans une guerre intestine, ses forces épuisées. Il ne reste à ces anciens et fidèles alliés de la France, que le courage et la fierté des souvenirs.

Tel est en raccourci le tableau de l'Europe militaire ; voilà ce qu'a fait de cette partie du monde, la terrible révolution dont le sceptre s'est brisé dans la main de Buonaparte ; il a péri, mais le mal était fait ; par lui, la France est devenue l'objet d'une animadversion jalouse et mêlée d'inquiétude. Les rois ont trop long-temps tremblé pour leur existence, les peuples pour leur liberté. Si aujourd'hui la légitimité les rassure, la seule possibilité de nouveaux troubles est un motif ou un prétexte pour ne pas déposer les armes ; et l'ambition peut toujours se glisser dans les conseils des souverains armés. Mais s'il en était ainsi, nous n'aurions pas même la sauve-garde de ces indices avant-coureurs des guerres dans les pays à assemblées délibérantes. Là on consulte, pour de simples préparatifs, l'opinion de ceux qui paient. Dans les gouvernemens absolus, la foudre est toujours prête dans les mains du prince, et une attaque inopinée est une des combinaisons de la politique.

C'est cependant en présence de ces grandes armées permanentes et de ces dangers éventuels, mais nullement invraisemblables, que nous avons un état militaire inférieur à celui de la moindre des grandes puissances continentales, d'un pays dont la population n'est que le tiers de la nôtre que les derniers recensemens portent à près de 31 millions d'âmes ; d'où il résulte que si nous avions 300 mille hommes sous les armes, ce ne serait pas un soldat sur cent individus.

Mais, sans insister sur une augmentation dont cependant la nécessité est évidente, n'est-il pas déplorable que, tout en reconnaissant les besoins pressans de l'armée telle que nous l'avons, on ne parle encore dans le budget de l'année prochaine, c'est-à-dire pour un espace de vingt mois, que d'ajournemens. Ainsi, lorsque tous les militaires instruits s'accordent à réclamer une forte remonte, afin de mettre notre cavalerie sur un pied respectable et de porter enfin cette arme spéciale à son taux proportionnel, le ministre de la guerre déclare, dans son rapport au Roi, « qu'il ne demande aucune somme pour augmenter l'effectif des chevaux. » Le matériel de l'artillerie et les travaux du génie ne recevront non plus aucune augmentation; seulement il ajoute : « Il est à regretter que les ressources générales de l'Etat ne permettent pas d'assigner des crédits plus considérables à ces deux services, *qui ont encore tant à réparer.* » Nous partageons sincèrement les regrets du ministre, et sa sollicitude pour l'avenir d'une armée avec laquelle il a si glorieusement combattu dans la péninsule. Elle n'est que trop fondée, cette sollicitude, s'il est vrai que le nombre de nos bouches à feu n'est pas aussi considérable qu'il l'était en 1789, au commencement de la révolution. Triste résultat de tant de victoires stériles et bien chèrement achetées !

Au reste, ce qu'il y a de plus fâcheux, c'est de différer les dépenses nécessaires pour réparer et renforcer la ligne de défense qui couvre nos frontières. Il ne faut pas se le dissimuler : les places de Landau et de Sarrelouis, qui nous ont été arrachées comme donnant trop de facilité à l'agression, sont en réalité une grande perte pour le système défensif. Mais le côté le plus vulnérable est la trouée de la Suisse, encore agrandie depuis que les fortifications de Huningue sont rasées. Naguère on regardait les Alpes comme une barrière insurmontable, aussi solide que la fidélité des cantons. Chose surprenante ! les hommes n'ont pas changé, et la loyauté helvétique, soumise à de cruelles épreuves, en a triomphé ; mais les montagnes ont perdu de leur réputation, depuis qu'elles ont été traversées en tous sens par tant de corps d'armées. Leurs principaux débouchés doivent donc être fortifiés ; et il y a loin de Besançon à Befort.

Si j'insiste autant sur les moyens matériels de défense, ce n'est pas que j'aie la moindre inquiétude des attaques qui pourraient être dirigées contre notre indépendance. Une population nombreuse, brave et fière sera toujours une suffisante garantie. L'armée peut être vaincue : ce sont les chances de la guerre ; mais une nation comme la nôtre ne saurait être soumise tant qu'elle restera unie. Les deux dernières invasions l'ont prouvé. Malgré les pertes qui l'avaient affaiblie, la France, sous un roi légitime, eût repoussé les étrangers. Ce que nous avons à redouter, ce sont les revers momentanés et les dévastations partielles. C'est contre ces malheurs qu'il faut se prémunir.

Pour me résumer, et pour exprimer ma pensée toute entière, je dirai : La France, telle que Louis XIV l'a faite, est assez grande pour n'avoir rien à désirer ; la France du 19e siècle est assez puissante pour n'avoir rien à craindre, si ce n'est sa propre imprévoyance.

Je crois qu'il est indispensable d'ajouter au budget de la guerre pour 1825, une somme de 10 millions applicable aux dépenses de l'artillerie, du génie, et d'une remonte extraordinaire.

Ministère de la marine.

L'insuffisance des fonds alloués à ce département depuis la restauration, a été signalée à chaque session par tous les ministres qui l'ont dirigé. Mais il ne peut plus rester de doutes sur cette triste vérité, depuis que l'un d'eux (M. Portal) a présenté aux Chambres des tableaux détaillés, d'où il résulte, qu'en suivant encore quelques années ce système déplorable d'une économie ruineuse, la marine française tomberait dans un irréparable dépérissement. Il ajoutait que, si l'on ne voulait pas consacrer à cette branche de l'administration les fonds nécessaires, il valait mieux renoncer franchement à l'entretien d'une marine militaire, et reporter sur d'autres parties du service public, la presque totalité des sommes inutilement employées à celui-ci.

La naïve énergie de ces réclamations n'a pas peu contribué à faire augmenter les fonds de la marine, mais non pas jusqu'aux 65 millions demandés et véritablement nécessaires. Aussi, en présentant le budget de 1825, le ministre actuel insiste-t-il sur les observations de ses prédécesseurs ; et cependant la gravité des circonstances, les troubles de l'Orient, l'état de combustion où se trouvent l'Amérique méridionale et les Antilles, rendent indispensables, pour la protection du commerce français, un service très-actif et des armemens plus nombreux. Il n'a été possible de pourvoir à ces besoins urgens que par des retranchemens sur les sommes déjà trop faibles que l'on destinait aux approvisionnemens et aux constructions navales. Voilà donc une nouvelle cause à ajouter à toutes celles du dépérissement progressif qu'il faudrait au contraire chercher à arrêter par tous les moyens (1).

Que pourrait-on ajouter à des motifs si puissans, si ce n'est peut-être que l'Angleterre n'a jamais fait d'opération de finance plus avantageuse que quand elle a voté des fonds pour porter sa flotte à 200 vaisseaux de ligne. Conservons du moins ceux qui nous restent.

Mais, sans aller chercher des exemples hors de chez nous, voyez ce qu'il a failli nous en

---

(1) Les développemens du budget de la marine pour 1825, sont établis sur deux colonnes parallèles; l'une est intitulée crédit *nécessaire*, l'autre crédit *demandé*; celle-ci est inférieure de 5 millions. Quel aveu humiliant de détresse! et comment une grande et puissante nation n'est-elle pas en état de faire la dépense de ce qui est reconnu nécessaire?

coûter pour avoir, *par économie*, négligé de reconstruire des galiottes à bombe; ces navires, qui ne peuvent qu'être très-imparfaitement suppléés, manquaient devant Cadix. C'était le seul moyen efficace de ruiner les défenses de la place, et de décider le soulèvement des habitans opprimés par les factieux; or il est généralement reconnu que s'ils avaient persisté dans leur résistance seulement quelques semaines de plus, le mauvais temps eût forcé de suspendre les opérations jusqu'à l'année suivante. Une seconde campagne aurait coûté encore deux cents millions; les bombardes n'en eussent pas coûté deux. La périlleuse économie!

A l'ouverture de la session, il a été rendu, par le Roi et les Chambres, des actions de grâces solennelles à la Providence; jamais elle n'a eu plus de droits à notre reconnaissance. Sans elle, malgré l'ardeur de nos troupes, leur admirable discipline, les talens et la sagesse du généralissime qui semblait leur avoir inspiré toutes ses vertus, l'insuffisance des moyens matériels faisait tout échouer.

Je propose d'ajouter 5 millions au budget de la marine pour 1825.

Ministère de l'intérieur.

Il n'entre point dans mon sujet de me livrer à la discussion approfondie des dépenses qui composent le budget du ministère de l'intérieur ; plusieurs sans doute sont susceptibles de réduction, mais c'est aux députés des départemens, qui en ont la connaissance spéciale, qu'il appartient de provoquer ce genre d'économie. Pour moi, je ne veux signaler ici que les omissions qui me paraissent de nature à compromettre le service public.

Le premier article, par son importance aussi bien que par la dépense qu'il occasionne, est le clergé. Je ne répéterai point ce qui a été prouvé sans répliques sur l'insuffisance des fonds alloués à un établissement d'où dépend la régénération des mœurs chez une nation où une longue révolution a relâché tous les liens sociaux ; je me contenterai d'appeler l'attention sur l'excessive modicité de traitement des derniers ministres du culte ; ils succombent presque tous sous le poids des infirmités de l'âge et de la persécution, et le zèle ne saurait suppléer à leurs forces épuisées. Cependant, les travaux auxquels ils doivent se livrer sont considérablement accrus par le grand nombre des communes dénuées de pasteurs. Accorder une augmentation bien modique qui porterait leur traitement à 800 fr., somme inférieure à celle que reçoit aujourd'hui le moindre percepteur, ce serait adoucir le sort de ces vieillards, et leur donner le moyen de porter pendant la saison rigoureuse, dans les hameaux éloignés, les secours de la religion : l'indigence en aurait encore sa part.

Un pays voisin vient de nous donner un exemple bien digne d'être imité. L'Angleterre consacre, dans ce moment, des fonds considérables à la construction de nouvelles églises; et pourtant elle n'a pas éprouvé, comme nous, une révolution qui a détruit tant d'édifices sacrés. Mais je n'insiste pas : 22 mille prêtres sont dans un état de souffrance, et l'on a vu que la religion pouvait, à la rigueur, se passer de temples.

L'agriculture, surchargée depuis long-temps par des contributions excessives plus ou moins habilement déguisées, ne paraît avoir attiré l'attention des gouvernemens qui ont pesé successivement sur la France, que sous le rapport de la fiscalité. Nous ne sommes plus, il est vrai, au temps où les réquisitions frappaient les cultivateurs, et où Buonaparte levait des centimes additionnels avec aussi peu de scrupules qu'il faisait marcher des conscrits; mais on dirait, à voir le peu d'intérêt que lui porte l'administration, que la richesse territoriale est une mine dont il s'agit d'exploiter les filons inertes, et non une branche d'industrie dont on doit soigneusement ménager la reproduction. Je l'avouerai, si j'écrivais pour des étrangers, j'éprouverais une sorte d'embarras à énoncer la somme mesquine jusqu'à la dérision, que l'on propose dans le budget pour l'encouragement de l'agriculture française, y compris les bergeries royales; ils pourraient croire, en lisant que 120,000 francs sont les fonds accordés aux 86 départemens, que j'ai oublié un ou deux zéros. Et comment en effet fournir, avec ces 1400 misérables francs pour chacune de nos grandes divisions territoriales, à ce que réclament des besoins aussi nombreux que variés? comment aider les propriétaires à replanter les montagnes déboisées, à dessécher des marais insalubres, à irriguer les prairies? et ce ne sont pas les seules améliorations. Où trouver de quoi acheter les machines nouvelles, les instrumens aratoires perfectionnés par nos voisins et dont il est utile d'introduire l'usage en France, en les distribuant à des cultivateurs probes et intelligens ? Quelques millions employés de cette manière, en les supposant convenablement répartis, ne seraient-ils pas placés à gros intérêts ? Il est assurément avantageux de réduire l'intérêt de la dette et par conséquent la dépense publique ; il l'est encore plus d'augmenter le revenu des individus. C'est là qu'est la prospérité générale, l'aisance et le bien-être des familles.

La dépense des ponts-et-chaussées est portée pour 34 millions, somme qui, toute considérable qu'elle est, ne paraît pas suffisante ; car les routes sont dégradées sur un grand nombre de points et même impraticables sur quelques autres. Mais sans augmenter les fonds alloués à cette partie, on ferait un grand bien en modifiant les règlemens sur la largeur des roues et sur les ponts à bascules, règlemens qui ne remplissent pas le but qu'on s'est proposé. Ce sont surtout les voitures à deux roues chargées de poids énormes, et attelées depuis trois jusqu'à six chevaux, qui ébranlent les pavés, défoncent les chemins ferrés et creusent les ornières. En Angleterre, où il y a encore tant à imiter, le roulage n'emploie que des voitures à quatre roues, et l'on n'y voit point de charrettes à deux roues attelées de plus d'un cheval. Un règlement qui, pour ne pas trop contrarier les habitudes de nos fermiers, défendrait d'atteler plus de deux chevaux aux limonières, épargnerait pour plusieurs millions de dégradations. Il est encore un autre moyen de ménager les routes, qui, pour être indirect, n'en serait pas moins puissant; ce serait d'accélérer la confection des canaux commencés, ou qui sont encore à ouvrir. Cette grande amélioration de nos communications de tous genres mérite d'autant plus de fixer l'attention du gouvernement, qu'elle pourrait se faire sans être à charge au Trésor; car les compagnies qui les ont soumissionnés hâteraient volontiers le versement des fonds qu'elles se sont engagées à fournir, afin d'entrer d'autant plus vite en jouissance des avantages qui leur ont été promis.

Il me reste à signaler l'omission inexplicable d'une demande de fonds pour l'achèvement du bâtiment destiné au ministère de l'intérieur. Des sommes très-considérables ont été dépensées sur un terrain d'une grande valeur, et l'édifice pourrait être terminé dans l'espace de deux années; il y en a trois que les travaux sont interrompus. En attendant, l'État paie 78 mille francs de loyer pour les hôtels qu'occupent le ministre et ses bureaux; et cet immense échafaudage que l'on voit avec un sentiment pénible pourrir au milieu de la capitale, en face du palais de nos rois, atteste une singulière incurie; elle ne peut être excusée que par la prodigieuse accumulation d'affaires importantes et pressées qui surchargent ce département. Il est généralement reconnu que, pour l'administrer convenablement, ce ne serait pas trop de trois hommes instruits, actifs et laborieux. Rien n'est plus chimérique, et l'expérience l'a prouvé, que cette prétention de trouver une tête capable de diriger l'assemblage bizarre d'objets si disparates qu'ils répugnent par leur nature à cette réunion forcée: le culte et les manufactures, les affaires ecclésiastiques et les théâtres, les haras et les académies, la pêche de la morue et l'instruction publique, et tant d'autres attributions! Au reste, je me plais à rendre cette justice au ministre actuel, qu'il serait difficile de trouver une personne d'un esprit plus distingué et d'une droiture plus inflexible; mais les forces humaines ont des bornes. Et n'est-il pas évident qu'à lui seul, le commerce, en y joignant toutefois les douanes, réclame impérieusement un département spécial? L'essor prodigieux que l'industrie a pris dans ces derniers temps, l'accroissement des relations commerciales entre les individus et les peuples, et cependant les difficultés et les entraves que fait naître à chaque pas ce même esprit de perfectionnement qui, se développant à la fois chez toutes les nations, dégénère en jalousie, obligent les gouvernemens à des mesures promptes et pourtant réfléchies. Elles exigent dans un administrateur des connaissances techniques, variées, l'art difficile d'appliquer à propos les encouragemens, les primes, les restrictions, les prohibitions; de plus, une correspondance immense et des méditations dont aucun autre objet ne doit distraire. En vain a-t-on voulu y suppléer par l'établissement d'un conseil supérieur; ses avis pourront être utiles, mais ils ne suffiront pas.

Je m'arrête : de si hautes questions, pour être convenablement traitées, excèdent les limites d'une brochure éphémère.

Je propose d'ajouter au budget du département de l'intérieur, deux millions applicables au culte, à l'agriculture, et à l'achèvement de l'édifice destiné au ministère.

CONCLUSION.

Les besoins de l'État sont nombreux, pressans, et le budget proposé pour 1825 est loin d'y pourvoir : je ne l'ai que trop démontré. Ce n'est pas dans une augmentation des contributions, déjà excessives, qu'il faut chercher ce qui nous manque. Loin de là, plusieurs impôts doivent être diminués, et il serait facile de démontrer que la France ne saurait atteindre le degré de prospérité que la richesse de son sol et l'industrie de ses habitans lui donnent le droit d'espérer, si l'on ne réduit pas d'une somme d'au moins 50 millions celles des charges publiques qui attaquent la reproduction, et celles qui, comme le sel et la loterie, pèsent plus particulièrement sur les classes inférieures.

D'un autre côté, la dignité, la sûreté même et l'indépendance nationale, demanderaient un accroissement de dépenses d'une somme pareille de 50 millions. Ces deux propositions peuvent étonner, mais l'attention les justifie. En examinant les moyens de combler ce déficit de 100 millions bien réel, quoique le budget de 1825 présente, comme tous les autres, une balance apparente, on trouvera d'abord la réduction des intérêts de la dette, qui diminuera la dépense de 28 millions. Le reste pourrait se prendre sur les fonds de l'amortissement, si l'on retranchait les 40 millions de la dotation annuelle, en même temps qu'on annulerait les 35 millions de rentes déjà rachetées, ou qui le seront à la fin de cette année; mais autant cette dernière mesure me paraît indispensable, autant il serait contraire au maintien et au développement du crédit dont un grand État a toujours besoin, d'interrompre tout à coup le remboursement de la dette par le rachat au cours. L'action constante et journalière de la Caisse d'amortissement est l'unique moyen de tempérer les mouvemens désordonnés que le jeu des spéculateurs ou les ombrages de la politique extérieure ne rendent que trop fréquens. D'ailleurs, il est à observer que les impôts indirects éprouvent chaque année une augmentation progressive qui leur fait dépasser les évaluations portées aux budgets; elle deviendra bien plus considérable cette augmentation, lorsque les contribuables dégrévés auront plus d'aisance, et par conséquent consommeront davantage. Dans peu d'années, j'en ai la conviction, le fisc retrouverait l'équivalent de ses sacrifices momentanés.

Mais revenons au budget de 1825. On n'aura pas encore cette année la jouissance des 28 millions de réduction sur la dette, puisque le traité de la conversion les abandonne aux banquiers jusqu'au 1er janvier 1826. Il ne reste donc de disponibles pour les besoins du service, que les 35 millions de rentes rachetées par l'amortissement.

Voici, pour me résumer, comment je propose de les employer :

18 millions en dégrèvement de la contribution foncière et des impôts les plus onéreux.
10 millions à la guerre.
5 millions à la marine.
2 millions à l'intérieur.

Total. . 35 millions.

On ne saurait révoquer en doute les grands et immédiats avantages qui résulteraient d'une mesure qui favorise les principaux intérêts de l'État. Que peut-on opposer? le ralentisse-

www.ingramcontent.com/pod-product-compliance
Lightning Source LLC
LaVergne TN
LVHW010045230826
846091LV00005B/1876

* 9 7 8 2 0 1 2 3 9 5 7 1 8 *